This Luna Rising book belongs to

_____

# My Name is ✳ Me llamo
# Gabriela

# The Life of ✳ la vida de
# Gabriela Mistral

by Monica Brown
Illustrated by John Parra

Luna Rising
A Bilingual Imprint
of Rising Moon

www.lunarisingbooks.com


Composed in the United States of America
Printed in China

Edited by Theresa Howell
Designed by Katie Jennings
Translation by Straightline Editorial Development, Inc.

Special thanks to Allen Woodman, Susan Deeds, Irene Matthews,
and especially, Jeff Berglund, for their support of this project.



FIRST IMPRESSION 2005
ISBN 13 : 978-0-87358-859-1
ISBN 10 : 0-87358-859-2



Library of Congress Cataloging-in-Publication Data
Brown, Monica, 1969-
My name is Gabriela : the life of Gabriela Mistral = Me llamo Gabriela :
la vida de Gabriela Mistral / by Monica Brown ; illustrated by John Parra.
p. cm.
1. Mistral, Gabriela, 1889-1957—Juvenile literature. 2. Authors, Chilean—20th century—
Biography—Juvenile literature. I. Title : Me llamo Gabriela. II. Parra, John. III. Title.
PQ 8097.G6Z5424 2005
861'.62—dc22

2004028715

For my sweet Bella and JuJu
and the wonderful Carrie, too.
—M. B.

Dedicated to Maria and my family,
with much love.
—J. P.

My name is Gabriela Mistral. It is a name I chose myself because I like the sound of it.

I love words and sounds and stories.

*Me llamo Gabriela Mistral. Este nombre lo elegí yo misma porque me gusta cómo suena.*

*Me encantan las palabras y los sonidos y los cuentos.*

When I was a little girl, I lived with my mother and Emelina, my sister, in a small house in the beautiful Elqui Valley in Chile. From my bedroom window I could see the Andes Mountains.

When I couldn't sleep I would look up at the mountains and wonder what could be beyond them. Zebras with polka dots? Rainbow-colored flowers? Angels reading books?

Cuando era pequeña, vivía con mi madre y con Emelina, mi hermana, en una casita en el hermoso Valle Elqui, en Chile. Desde la ventana de mi dormitorio veía las montañas de los Andes.

Cuando no me podía dormir, miraba las montañas y me preguntaba qué habría detrás de ellas. ¿Cebras con lunares? ¿Flores con colores como el arco iris? ¿Ángeles leyendo libros?

I loved words—I liked the sounds they made rolling

off my tongue and I liked the

way they could express how I felt.

When I saw a butterfly fluttering, I noticed the way

the words fluttering butterfly sounded together—like a poem.

Me encantaban las palabras —me gustaba el sonido que

hacían al salir de mi boca y me gustaba la manera

como podían expresar lo que yo sentía.

Cuando vi una mariposa posando en una flor, noté que

juntas las palabras posa mariposa sonaban como un poema.

I taught myself to read so that I could read other people's words and stories. I read stories about princes and princesses, about witches and monsters, and about birds and flowers.

*Aprendí a leer yo sola para poder leer las palabras y los cuentos de otras personas. Leí cuentos sobre príncipes y princesas, sobre brujas y monstruos y sobre pájaros y flores.*

I also liked to write poems, sing songs, and tell stories using the words that I knew. I told stories about happy times and sad times, about mothers and babies and little children.

También me gustaba escribir poemas, cantar canciones y contar cuentos con las palabras que sabía. Conté cuentos sobre momentos felices y momentos tristes, sobre madres y bebés y niños pequeños.

I liked to play school with the children of my village. I pretended to be the teacher, and my friends, Sofia, Ana, and Pedro, were my pupils.

Pedro would always say that I was mean because I made him write his ABCs until he knew all the letters of the alphabet. But I told him that the alphabet is important. How else would he create words and tell his stories without it?

*Me gustaba jugar a la escuela con los niños de mi pueblo. Yo hacía de maestra y mis amigos Sofía, Ana y Pedro eran los alumnos.*

*Pedro siempre decía que yo era mala porque lo hacía escribir el abecedario hasta que supiera todas las letras del alfabeto, pero yo le decía que el alfabeto es importante. ¿Cómo formaría palabras y contaría sus cuentos si no lo sabía?*

In our pretend class we sang songs like:
  The baby chicks are saying,
  Peep, peep, peep.
  It means they're cold and hungry.
  It means they need some sleep.
That was Sofia's favorite song. During
recess we had fun, running and chasing
and laughing and playing.

En nuestra clase imaginaria, cantábamos
canciones como :
    Los pollitos dicen
    pío, pío, pío,
    cuando tienen hambre,
    cuando tienen frío.
Esa era la canción preferida de Sofía.
Durante el recreo nos divertíamos,
corriendo, persiguiéndonos, jugando
y riéndonos.

When I grew up I became a real teacher and writer. I taught the children of Chile, and many of my students became teachers themselves.

I still wrote poems—happy poems, sad poems, stories of mothers and children. But I also wrote poems about animals—about parrots and peacocks and even rats!

De grande fui maestra y escritora. Enseñé a los niños de Chile y muchos de mis estudiantes fueron luego maestros.

Seguí escribiendo poemas—poemas alegres, poemas tristes, cuentos sobre madres e hijos. Pero también escribí poemas sobre animales—sobre loros y pavos reales, e incluso ¡sobre ratas!

I also traveled to far away places. I never saw zebras with polka dots or rainbow-colored flowers, but I met wonderful children and their teachers.

I traveled to Europe—to France and Italy.

Viajé a lugares muy lejanos. Nunca vi
cebras con lunares ni flores con colores
como el arco iris, pero conocí a niños
maravillosos y a sus maestros.

Viajé a Europa—a Francia y a Italia.

I traveled to Mexico.

Viajé a México.

I traveled to the United States.

Everywhere I went, I wrote and taught and met teachers. I saw how all over the world, people wanted their children to learn.

Viajé a Estados Unidos.

En todos los lugares adonde fui, escribí,
enseñé y conocí a maestros. Vi cómo en
todo el mundo la gente quería que sus
hijos aprendieran.

My stories traveled the world with me.
People liked to read my happy stories,
my sad stories, my stories of women
and children, my stories of parrots and
peacocks, of old lions and of the fisherfolk,
who slept in the sand and dreamt of
the sea.

Mis cuentos viajaban por el mundo
conmigo. A la gente le gustaba leer mis
cuentos alegres, mis cuentos tristes,
mis cuentos sobre mujeres e hijos, mis
cuentos sobre loros y pavos reales,
sobre leones viejos y sobre los
pescadores que se durmieron en la
arena y soñaron con el mar.

And because people from all over the world loved my stories so, I was given a very special prize—the Nobel Prize for Literature.

When I accepted the grand award, I thought of the beautiful mountains outside of my window in Chile, of my mother and sister, of the children of my village, and of all the stories that still need to be told.

*Y como a la gente de todo el mundo le encantaron tanto mis cuentos, me dieron un premio especial: el Premio Nobel de Literatura.*

*Cuando recibí el importante premio, pensé en las hermosas montañas que veía desde mi ventana en Chile, en mi madre y en mi hermana, en los niños de mi pueblo y en todas las historias que aún hay que contar.*

# Gabriela Mistral

Gabriela Mistral was born in 1889 in Vicuña, a small town in northern Chile in South America. Her parents named her Lucila Godoy Alcayaga, but Gabriela Mistral was the name she chose herself. Gabriela was creative and loved learning and teaching so much that she became an elementary school teacher when she was only fifteen years old.

Gabriela also loved to write. Reading and writing opened up the world to her. She began writing poems while she was young and published over thirty collections of poetry in her lifetime. Throughout her life, she continued to teach and write about education, traveling all over the world to improve schools. She loved helping children.

One of the highlights of her life came in 1945, when she became the first Latin American writer to receive the Nobel Prize for Literature, a very special award given to only one writer each year. She will be remembered always for her poetry and for the ways she helped shape education in Latin America. Gabriela Mistral teaches us to believe in the power of our own voices—no matter where we come from, what we look like, how young or old we are, how rich or poor.

# Gabriela Mistral

Gabriela Mistral nació en 1889 en Vicuña, un pequeño pueblo en el norte de Chile, en América del Sur. Sus padres le pusieron el nombre Lucila Godoy Alcayaga, pero Gabriela Mistral fue el nombre que eligió ella misma. Gabriela era creativa y a ella le gustaba tanto aprender y enseñar que llegó a ser maestra de escuela primaria cuando tenía tan sólo quince años.

A Gabriela también le gustaba mucho escribir. Por medio de la lectura y la escritura descubrió el mundo. Empezó a escribir poemas cuando era joven y durante su vida publicó más de treinta colecciones de poesía. A lo largo de su vida continuó enseñando y escribiendo sobre educación, y viajó por todo el mundo para mejorar las escuelas. A ella le encantaba ayudar a los niños.

Uno de los acontecimientos más importantes en su vida sucedió en 1945, cuando llegó a ser la primera escritora sudamericana que recibió el Premio Nobel de Literatura, premio muy especial que se otorga a sólo un escritor por año. Siempre se la recordará por su poesía y por su contribución al desarrollo de la educación en América del Sur. Gabriela Mistral nos enseña a creer en el poder de nuestras propias voces—sin importar de dónde somos, cómo somos, si somos jóvenes o viejos, si somos ricos o pobres.

# Gabriela Mistral

## 1889 - 1957